ウユニ塩湖

心を整える100の言葉

はじめに

――世界一の「奇跡」と呼ばれた絶景、ウユニ塩湖。
雨が降り、薄く地面に水が張ると、真っ白な塩の大地は空を完璧に映し出します。
どこまでも続く青空、燃えるような赤い夕暮れ、漆黒の闇に浮かぶ星空……。
天空の鏡、とも呼ばれるこの景色を見た旅人は、口を揃えて言います。
――「生きていてよかった」「心が洗われた気がした」。
そんな、心洗われるウユニ塩湖の写真に世界中から集めた100の言葉を載せました。
――美しい景色と言葉で、心を洗う。
慌ただしく過ぎていく毎日ですが、この本を読みながら、
少しでも心を整える時間を過ごしていただければと思います。

Contents

＊本書を制作するにあたり、引用・参照した参考文献は多岐にわたりますので、
列記を省略させていただき、ここに感謝の意を表します。

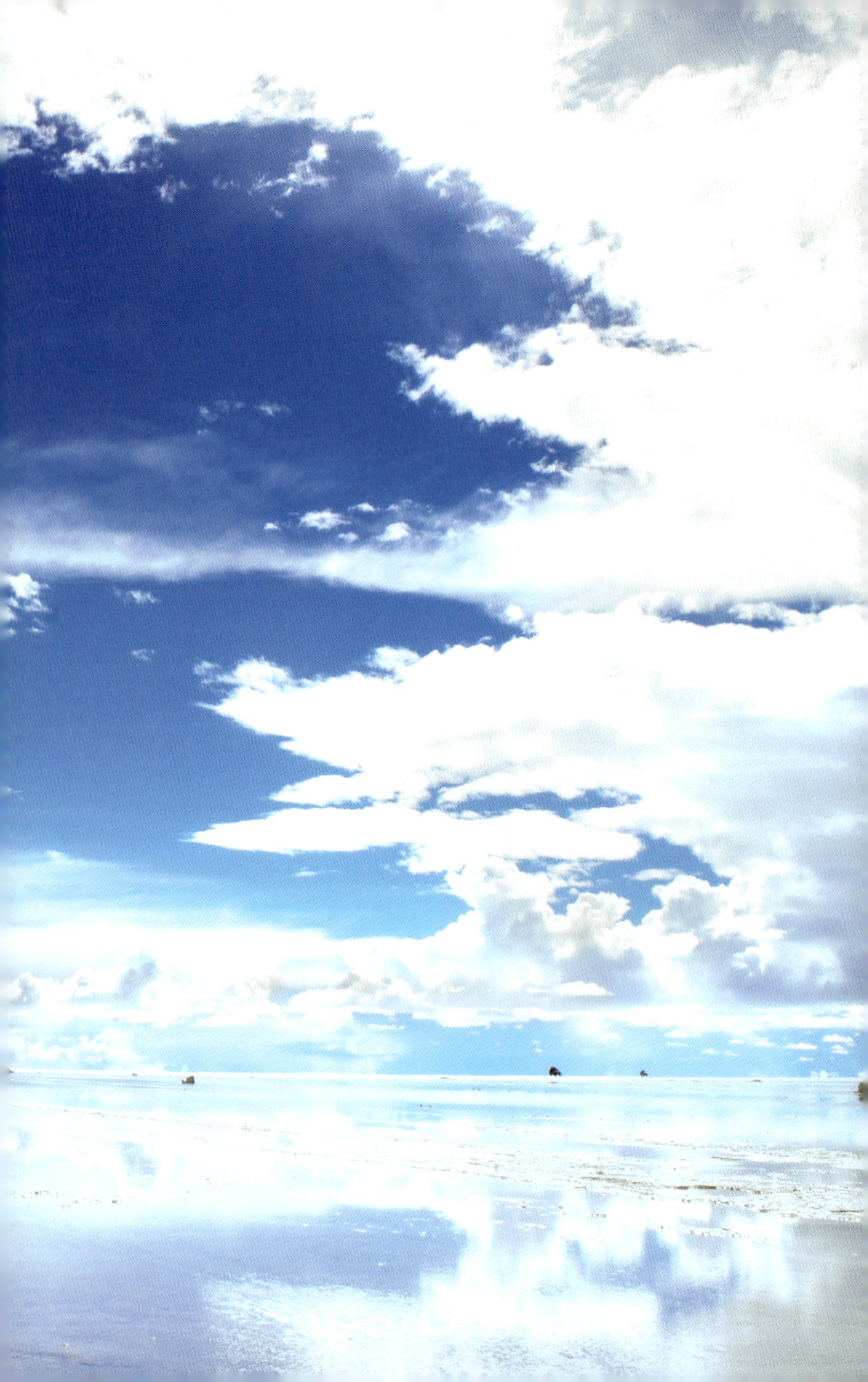

第一章

生き方

Way of life

Mother Teresa / Winston Churchill / Anne Frank
Lucy Maud Montgomery / Aurelius Augustinus
Abraham Lincoln / Samuel Ullman / Jean Paul
George Bernard Shaw / Marcel Proust
Dale Breckenridge Carnegie
Vincent Willem van Gogh
Hideki Yukawa

大切なのは
生きた年月ではなく、
その年月に
どれだけ充実した生があったか。

――エイブラハム・リンカーン（政治家）1809-1865

生き方

Photo by Kohei Inamura

人生は一冊の書物に似ている。
馬鹿者たちはそれはパラパラとめくっているが、
賢い人間はそれを念入りに読む。
なぜなら、彼らはただ一度しか
それを読むことができないことを知っているから。

――ジャン・パウル（作家）1763-1825

Photo by Kenshi Yamada

いつも自分を
きれいに明るく磨いておくように。
あなたは
自分という窓をとおして
世界を見るのだから。

——バーナード・ショー（劇作家）1856-1950

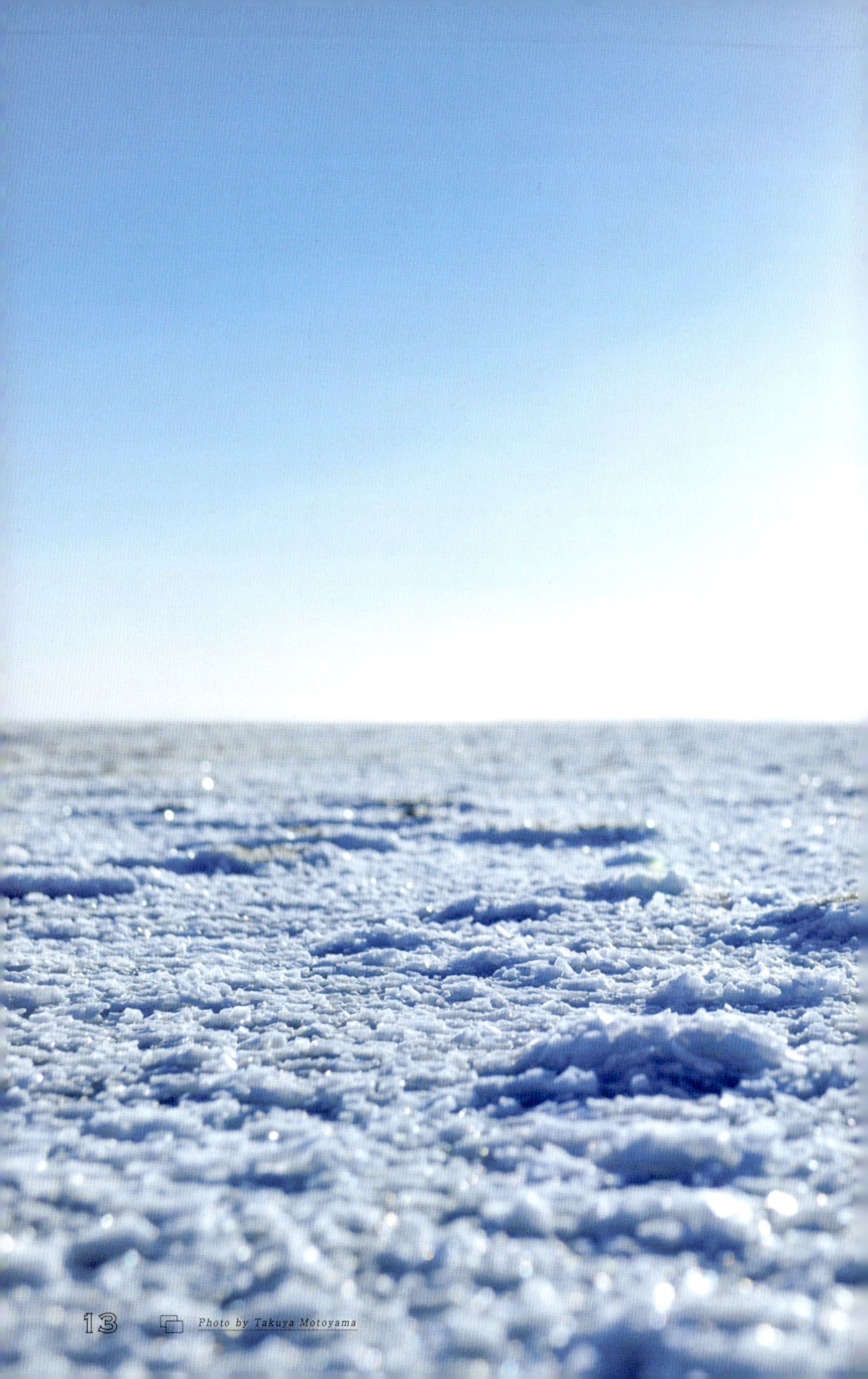

Photo by Takuya Motoyama

敵がいる？
それはよかった。
それは人生において
何かに立ち向かったことが
あるということだ。

——ウィンストン・チャーチル（政治家）1874-1965

Photo by Akitsugu Kawate

人生の99％が不幸だとしても、
最期の1％が幸せならば、
その人の人生は幸せなものに変わる。

――マザー・テレサ（修道女）1910-1997

生き方

Photo by Haruka Tajima

「一生懸命やって勝つこと」の
次に素晴らしいのは、
「一生懸命やって負けること」である。

――L・M・モンゴメリ（作家）1874-1942

美しい景色を探すな。
景色の中に美しいものを見つけるんだ。

――フィンセント・ファン・ゴッホ（画家）1853-1890

Photo by Hiroyuki Toyokawa

誠実でなければ、
人を動かすことはできない。
人を感動させるには、
自分が心の底から感動しなければならない。
自分が涙を流さなければ、
人の涙を誘うことはできない。
自分が信じなければ、
人を信じさせることはできない。

——ウィンストン・チャーチル（政治家）1874-1965

Photo by Asuka Aoki

笑顔は1ドルの元手もいらないが、
100万ドルの価値を生み出す。

——デール・カーネギー（作家）1888-1955

Photo by Kenichi Seto

薬を10錠飲むよりも、
心から笑ったほうが
ずっと効果があるはず。

――アンネ・フランク（作家）1929-1945

Photo by Tsukasa Igarashi

世界は一冊の本だ。
旅をしない者は、
その本の1ページ目だけを読んで
閉じてしまうようなものだ。

――アウグスティヌス（神学者）354-430

Photo by Katsuma Narisawa

一日生きることは、
一歩進むことでありたい。

——湯川秀樹（物理学者）1907-1981

Photo by Keiko Ishihara

待っているだけの人たちにも
何かが起こるかもしれないが、
それは努力した人たちの
残り物だけである。

——エイブラハム・リンカーン（政治家）1809-1865

Photo by Toshihiko Futagi

発見の旅とは、
新しい景色を探すことではない。
新しい目で見ることだ。

——マルセル・プルースト（作家）1871-1922

青春とは、
人生のある時期ではなく、
心の持ち方を言う。

——サミュエル・ウルマン（詩人）1840-1924

Photo by Yuma Abe

第二章

捨てる

Let go

Antoine Marie Jean-Baptiste Roger, comte de Saint-Exupéry
Steve Jobs / Helen Keller / Anna Eleanor Roosevelt
Albert Einstein / Anne Morrow Lindbergh
André Paul Guillaume Gide / Kurt Cobain
Mother Teresa / Josh Billings
Georg Christoph Lichtenberg
Baruch De Spinoza

重要なことに集中する唯一の方法は、「ノー」と言うことだ。

――スティーブ・ジョブズ（実業家）1955-2011

何を捨てるかで誇りが問われ、
何を守るかで愛情が問われる。

――スティーブ・ジョブズ（実業家）1955-2011

Photo by Taku Otsuka

「常識」とは、
18歳までに身に付けた
偏見のコレクションである。

——アルベルト・アインシュタイン（物理学者）1879-1955

Photo by Kenichi Washio

人の生き方を一番よく表すのは、
言葉ではありません。
それは、その人の選択なのです。
わたしたちの選択とは、
つまるところ、わたしたちの責任なのです。

——エレノア・ルーズベルト（人権活動家）1884-1962

Photo by Kajiwara Daisuke

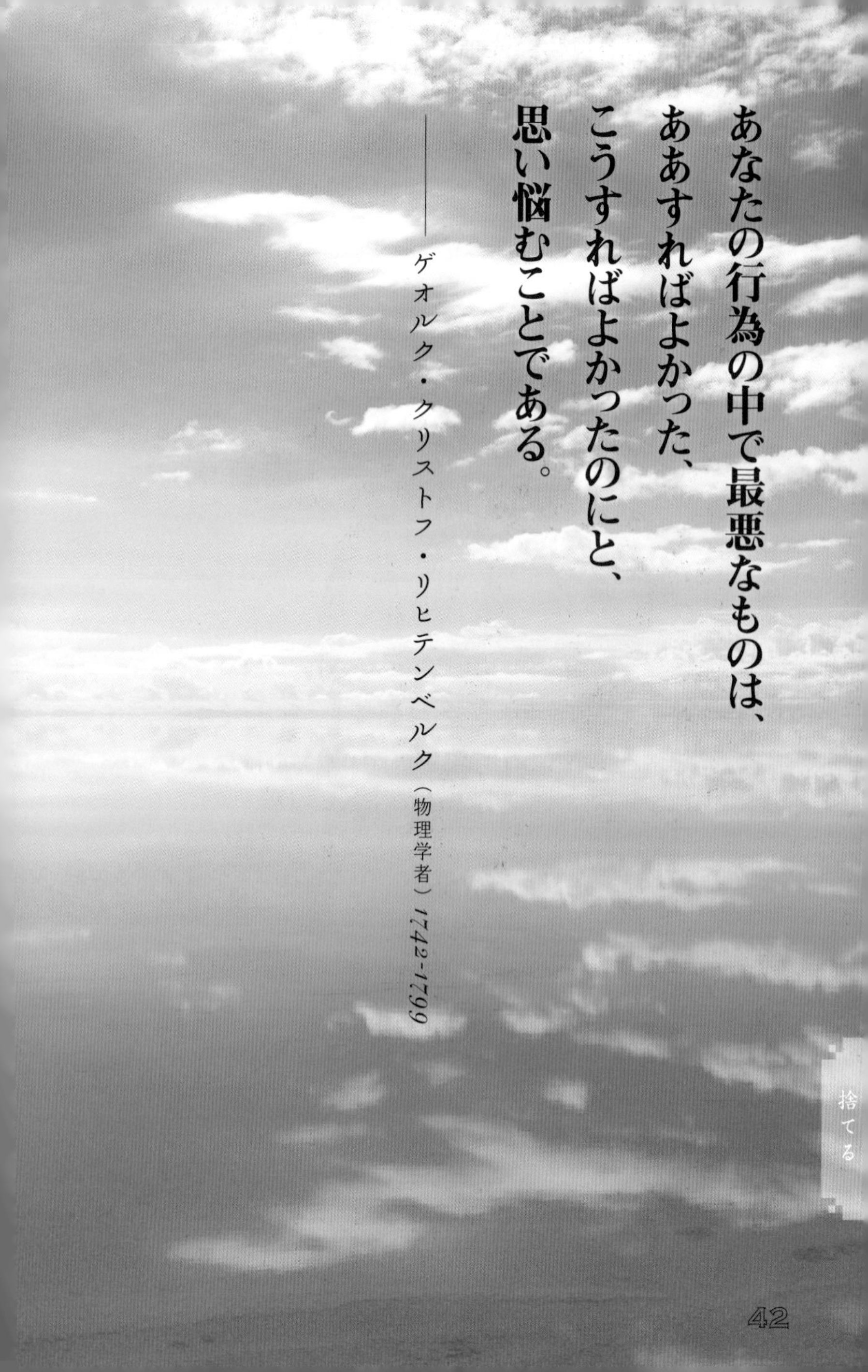

あなたの行為の中で最悪なものは、
ああすればよかった、
こうすればよかったのにと、
思い悩むことである。

――ゲオルク・クリストフ・リヒテンベルク（物理学者）1742-1799

Photo by Tomoya Sawano

自分にはできないと思う
たいていの出来事は、
できないのではなく、
本当はやりたくないだけ。

——バールーフ・デ・スピノザ（哲学者）1632-1677

Photo by Teruko Okada

元気を出しなさい。
今日の失敗ではなく、
明日訪れるかもしれない成功について
考えるのです。

——ヘレン・ケラー（教育家）1880-1968

Photo by Kenichi Seto

他の誰かになりたがることは、
自分らしさの無駄遣いだ。

——カート・コバーン（ミュージシャン）1967-1994

作り物の自分を愛されるより、
ありのままの自分を憎まれるほうがましだ。

――アンドレ・ジッド（作家）1869-1951

Photo by Yuma Abe

「完璧」がついに達成されるのは、
何も加えるものがなくなったときではなく、
何も削るものがなくなったときである。

――アントワーヌ・ド・サン＝テグジュペリ（作家）1900-1944

Photo by Hiroyuki Toyokawa

人生とは、
良いカードを持つことではない。
持ち札の中で最高のプレーをすること、
それが人生の醍醐味である。

——ジョシュ・ビリングス（作家）1818-1885

Photo by Kensuke Ito

すべての要求を満たすことなどできません。
人は、海辺の美しい貝がらを
すべて集めることはできないのです。

——アン・モロー・リンドバーグ（飛行家）1906-2001

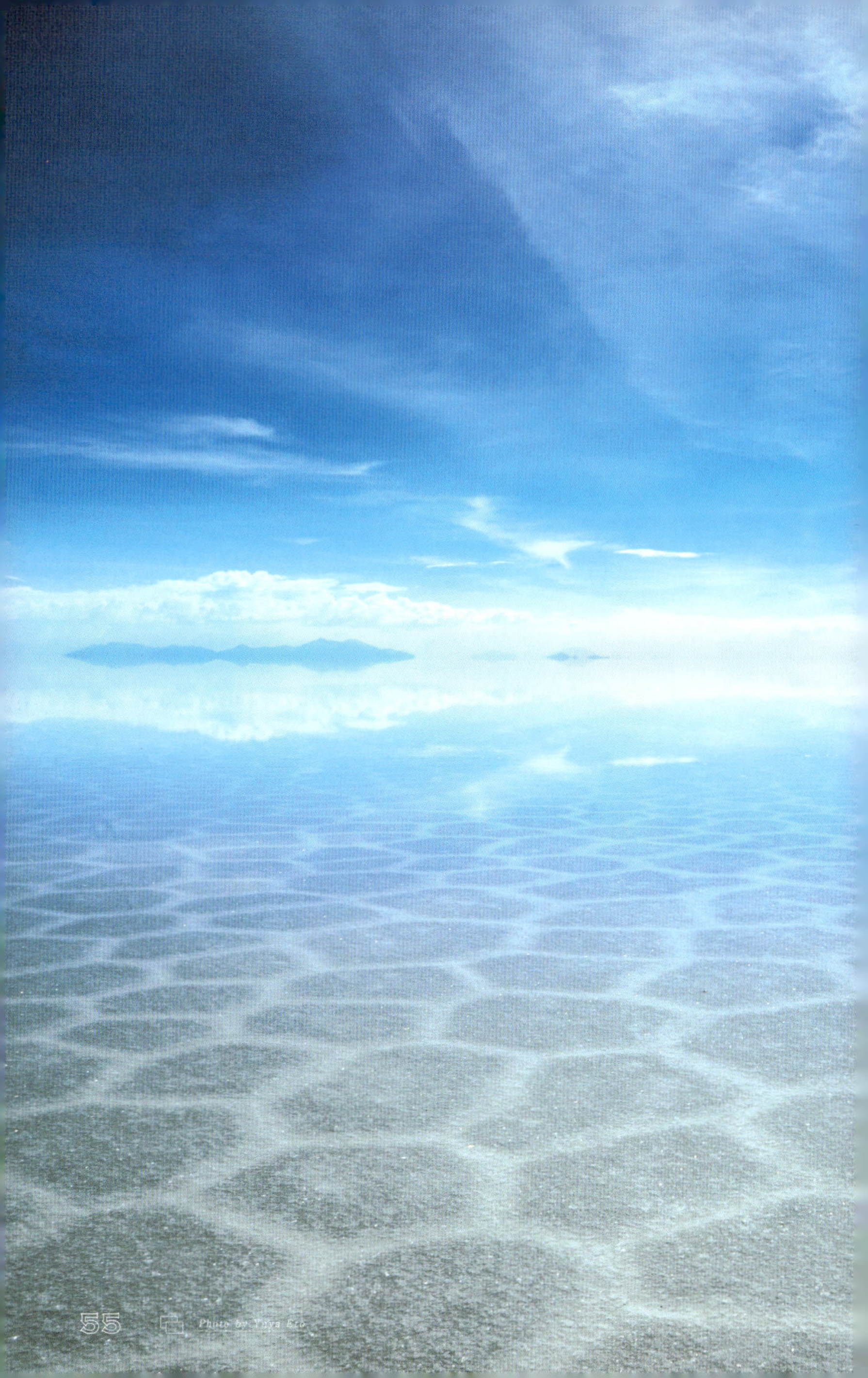

Photo by Taiya Eto

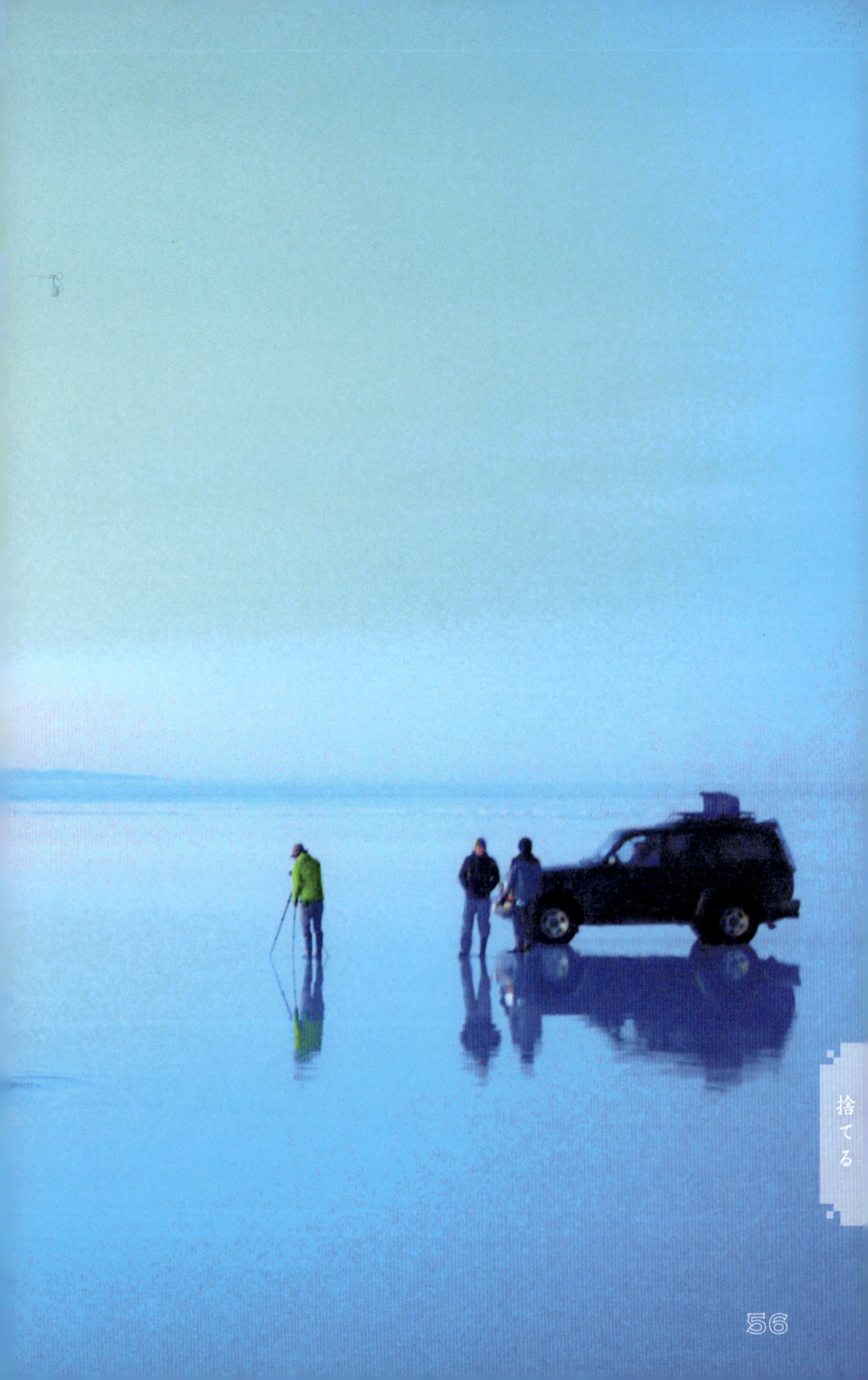

捨てる

大切なのは、
どれだけ
たくさんのことをしたかではなく、
どれだけ
心を込めたかです。

——マザー・テレサ（修道女）1910-1997

Photo by Haruka Tajima

第三章

再生
Rebirth

Walter Whitman / Abraham Lincoln / George Eliot
Arthur Ashe / Mark Twain / Helen Keller
Charles Chaplin / Thomas Alva Edison
Henry Wadsworth Longfellow
Audrey Hepburn / William Shakespeare
Michael Ende / John Paul II
Ralph Waldo Emerson

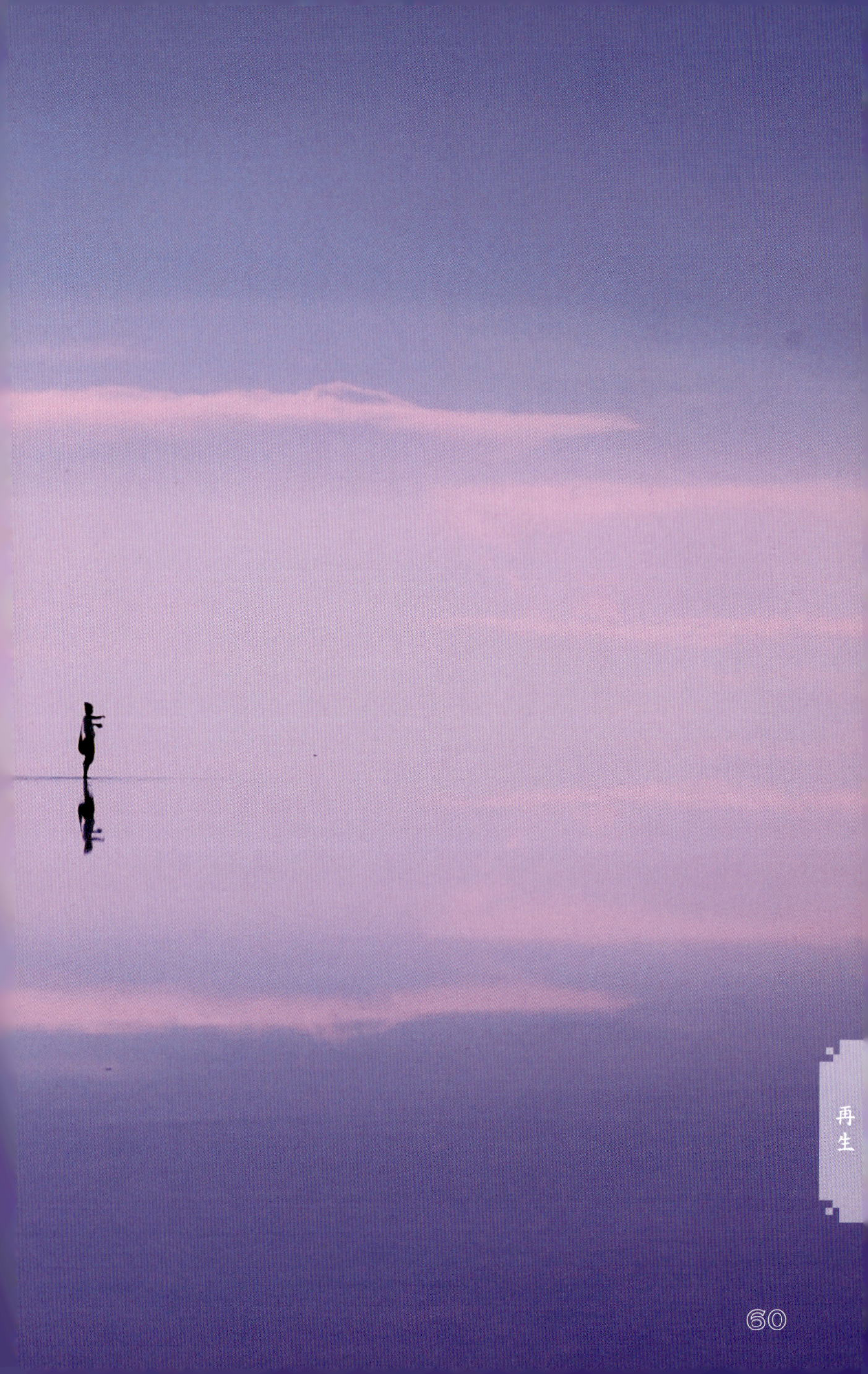

人生で一番大事な日は二日ある。
生まれた日と、
なぜ生まれたかを分かった日。

——マーク・トウェイン（作家）1835-1910

Photo by Toru Ogawa

未来は今日始まる。
明日始まるのではない。

——ヨハネ・パウロ2世（ローマ教皇）1920-2005

Photo by Noriaki Kobayashi

わたしたちの最大の弱点は
諦めることにある。
成功するために最も確実な方法は、
つねに
「もう一度だけ」試してみることだ。

——トーマス・エジソン（発明家）1847-1931

Photo by Koki Shiozaki

なりたかった自分になるのに
遅すぎるということはない。

――ジョージ・エリオット（作家）1819-1880

Photo by Sachiyo Suedomi

あなたが今いる場所から始めよう。
あなたにあるものを使おう。
あなたにできることをしよう。
――アーサー・アッシュ（テニス選手）1943-1993

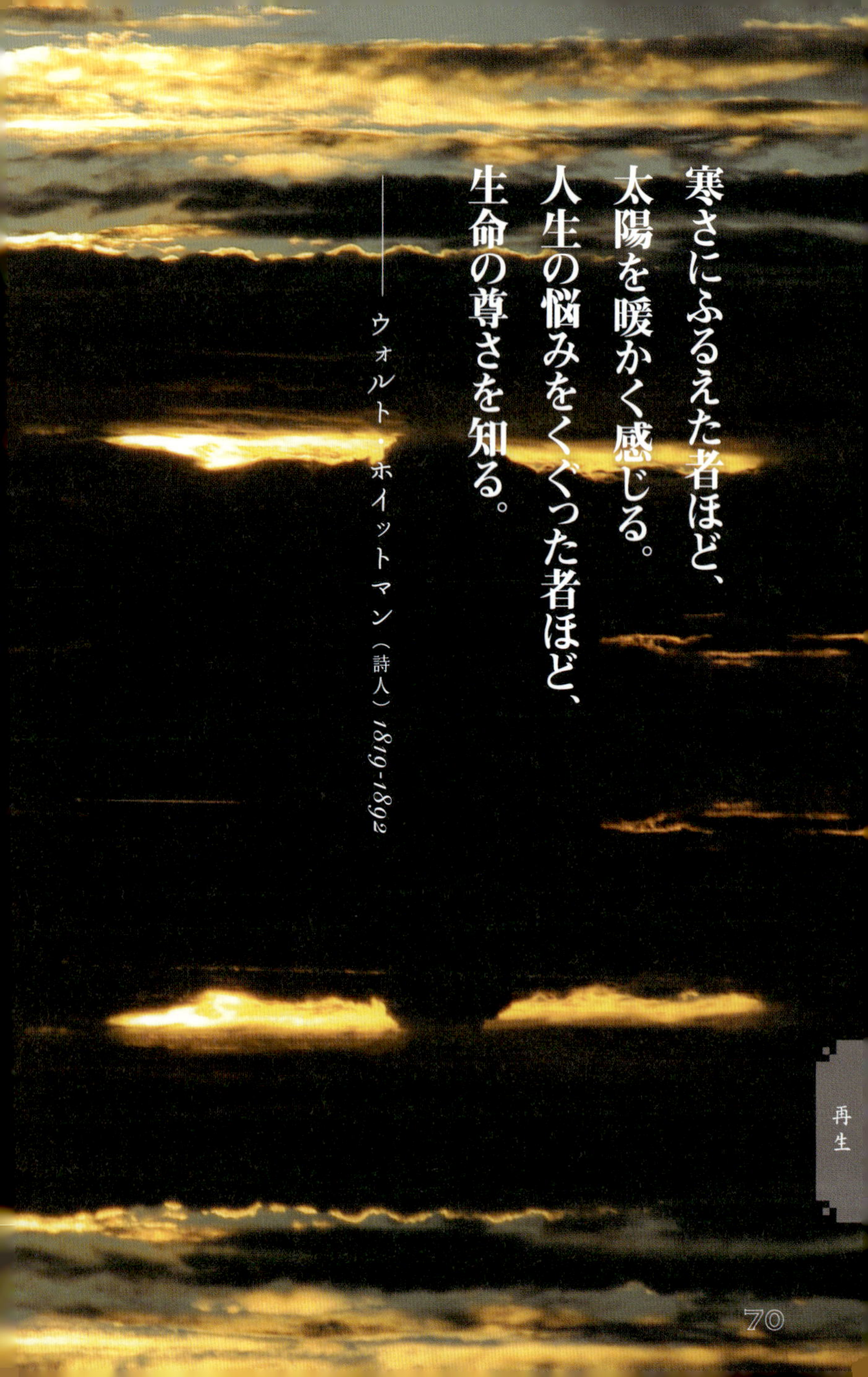

寒さにふるえた者ほど、
太陽を暖かく感じる。
人生の悩みをくぐった者ほど、
生命の尊さを知る。

――ウォルト・ホイットマン（詩人）1819-1892

Photo by Yuto Nishii

雲のうしろには、
太陽がいつも輝いている。

――ヘンリー・ワーズワース・ロングフェロー（詩人）1807-1882

Photo by Kazuki Hasebe

始めというものは、
いつも暗いのです。

――ミヒャエル・エンデ（作家）1929-1995

どんなに暗くても、
星は輝いている。

——ラルフ・ワルド・エマーソン（哲学者）1803-1882

Photo by Tamu Nakano

もし、木を切り倒すのに
8時間与えられたなら、
わたしは6時間を
斧を研ぐのに費やすだろう。

――エイブラハム・リンカーン（政治家）1809-1865

Photo by Yuma Abe

下を向いていたら、
虹を見つけることはできないよ。

――チャールズ・チャップリン（コメディアン）1889-1977

世界はつらいことでいっぱいだけれども、
それに打ち勝つことでもあふれている。

——ヘレン・ケラー（教育家）1880-1968

Photo by Kohei Inamura

再生

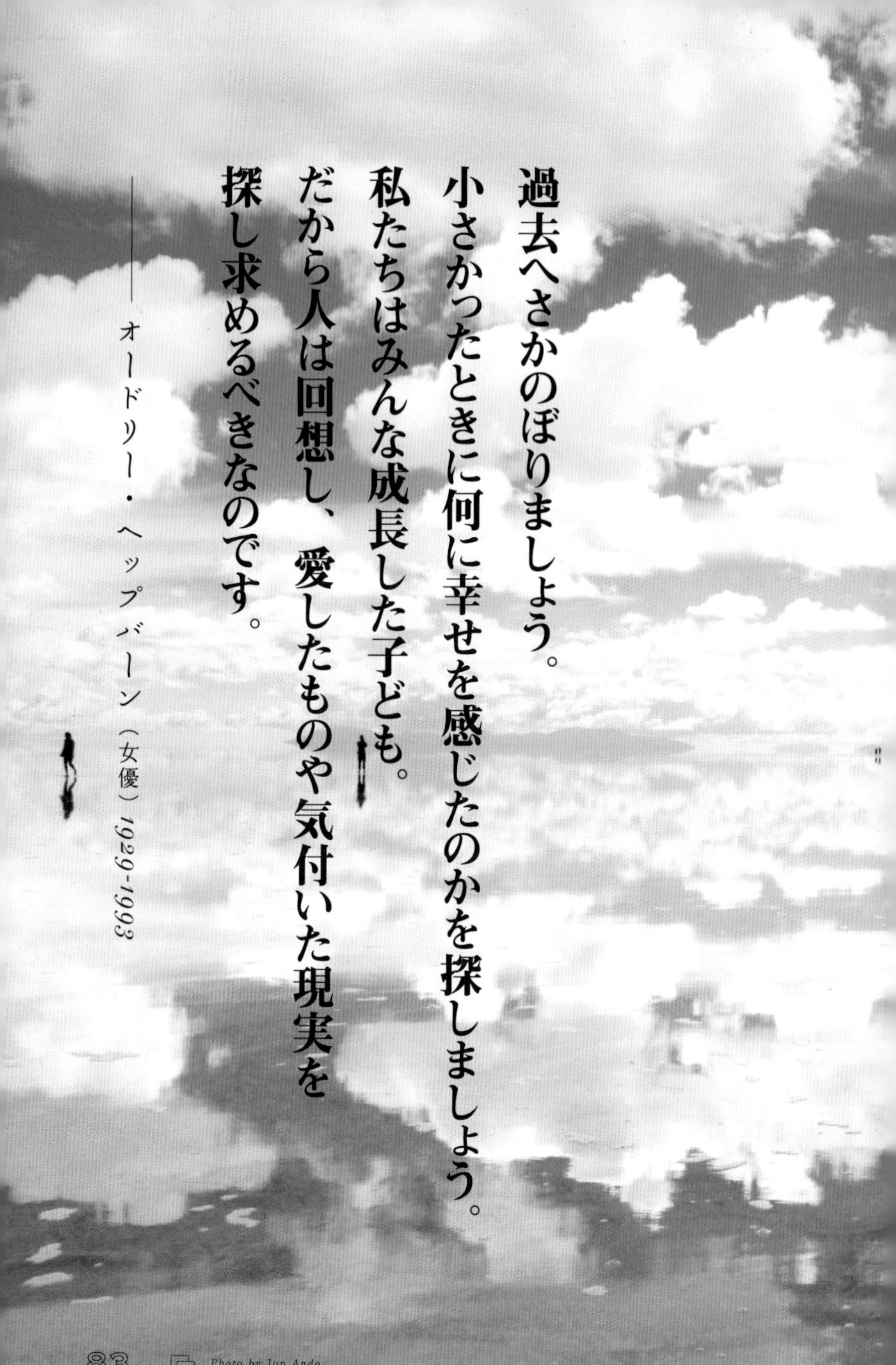

過去へさかのぼりましょう。
小さかったときに何に幸せを感じたのかを探しましょう。
私たちはみんな成長した子ども。
だから人は回想し、愛したものや気付いた現実を
探し求めるべきなのです。

――オードリー・ヘップバーン（女優）1929-1993

Photo by Jun Ando

小さなろうそくが
なんと遠くまで照らすことか。
このように善行も
汚れた世界を照らすのです。

——ウィリアム・シェイクスピア（劇作家）1564-1616

Photo by Yukiko Kimura

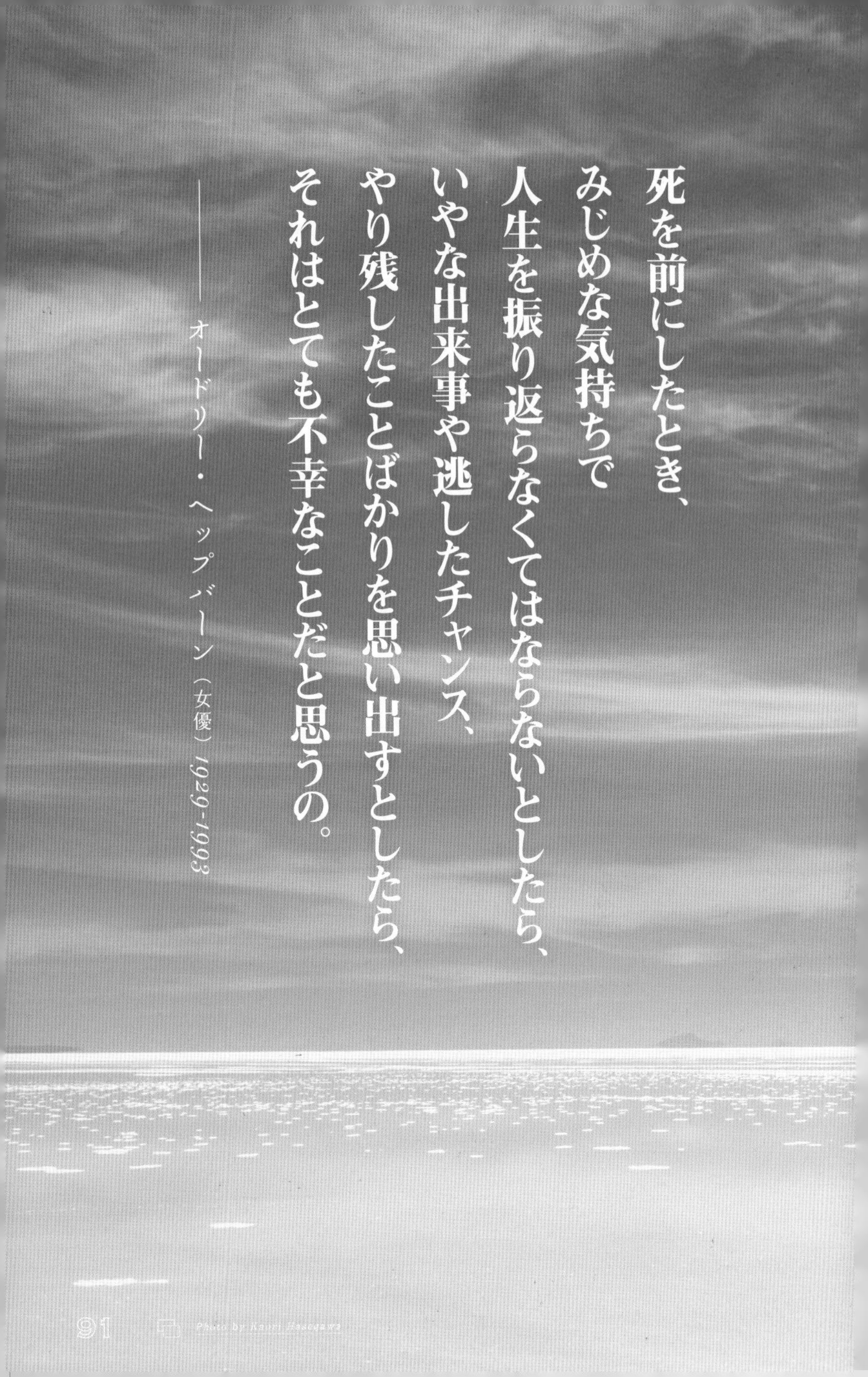

死を前にしたとき、
みじめな気持ちで
人生を振り返らなくてはならないとしたら、
いやな出来事や逃したチャンス、
やり残したことばかりを思い出すとしたら、
それはとても不幸なことだと思うの。

――オードリー・ヘップバーン（女優）1929-1993

Photo by Kaori Hasegawa

束縛があるからこそ、わたしは飛べる。
悲しみがあるからこそ、わたしは高く舞い上がれる。
逆境があるからこそ、わたしは走れる。
涙があるからこそ、わたしは前に進める。

——マハトマ・ガンディー（政治指導者）1869-1948

Photo by Taku Otsuka

人間の心というものは、
活動が止まってしまうと
雑草が生えるものだ。

――ウィリアム・シェイクスピア（劇作家）1564-1616

昨日倒れたなら、
今日立ち上がりなさい。

――ハーバート・ジョージ・ウェルズ（作家）1866-1946

Photo by Madoka Inoue

後悔

たとえ、いかなる逆境、
悲運に会おうとも、
希望だけは失ってはいけない。
「朝の来ない夜はない」のだから。

——吉川英治（作家）1892-1962

Photo by Kenichi Seto

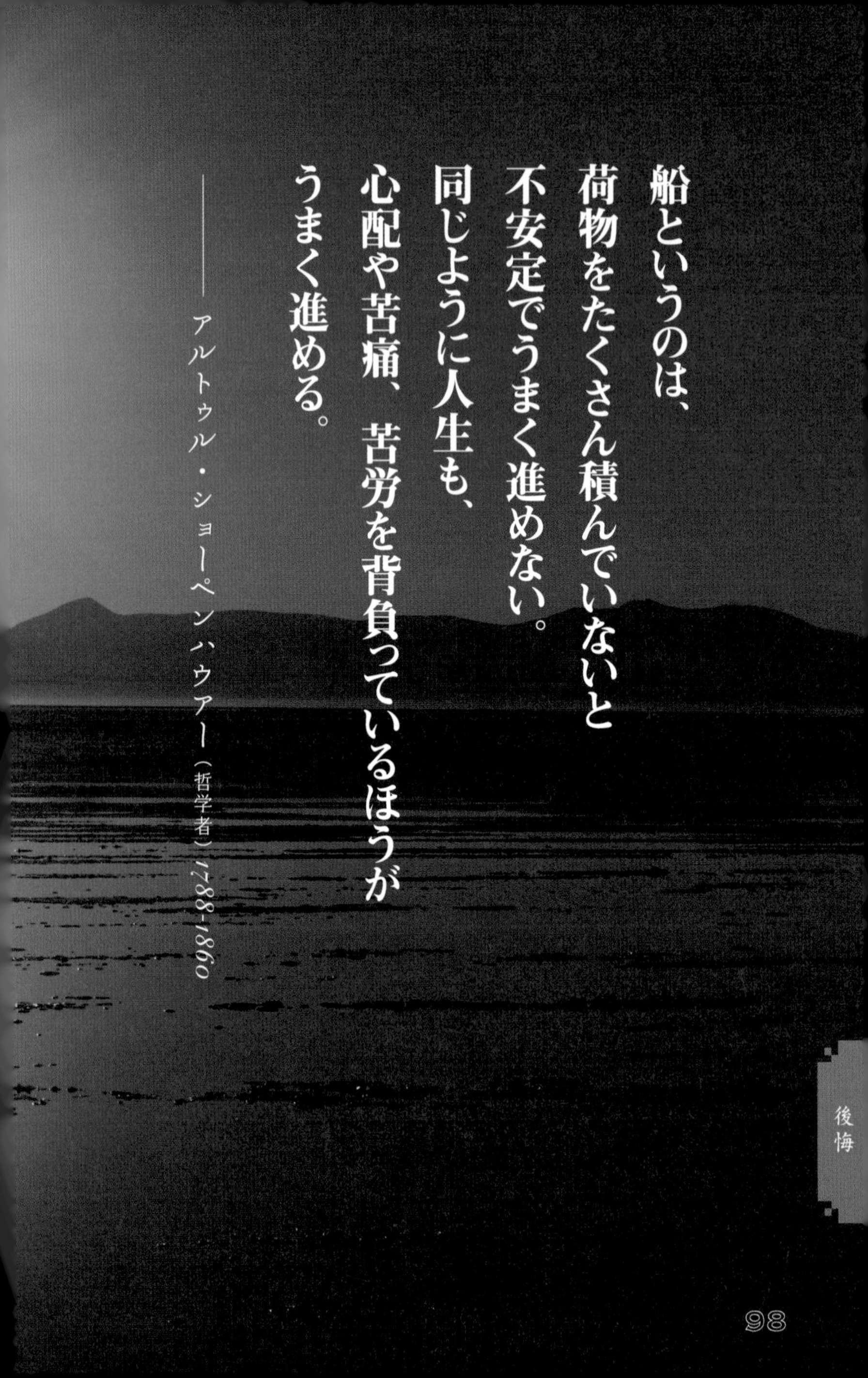

船というのは、
荷物をたくさん積んでいないと
不安定でうまく進めない。
同じように人生も、
心配や苦痛、苦労を背負っているほうが
うまく進める。

——アルトゥル・ショーペンハウアー（哲学者）1788-1860

Photo by Tomoaki Otsuka

後悔

思うに希望とは、
もともとあるものとは言えないし、
ないものとも言えない。
それは地上の道のようなものである。
もともと地上には道はない。
歩く人が多くなれば、それが道になるのだ。

——魯迅（作家）1881-1936

Photo by Nanako Okajima

困るということは、
新しい世界を発見する扉である。

——トーマス・エジソン（発明家）1847-1931

チャンスは、同じ扉を
2回も叩いてくれない。

——ニコラス・シャンフォール（劇作家）1741-1794

Photo by Yuma Abe

誰しも少しぐらいは
狂気の要素を持っている。
むしろ、それを
失くさないほうがいいと思う。

——ロビン・ウィリアムズ（俳優）1951-2014

Photo by Kensuke Ito

顔をいつも太陽のほうに向けていて。
影なんて見ているこどはないわ。

――ヘレン・ケラー（教育家）1880-1968

Photo by Tadayuki Moritaka

成功を目指すレースでは、
速さよりも持久力のほうが重要だ。

——マルコム・フォーブス（実業家）1919-1990

止まりさえしなければ、
どんなにゆっくりでも進めばよい。

――孔子（思想家）B.C.551-B.C.479

Photo by Daisuke Hakamada

人生は意義ある悲劇だ。
それで美しいのだ。
生き甲斐がある。

——岡本太郎（芸術家）1911-1996

Photo by Miki Saito

未来のために今を耐えるのではなく、
未来のために今を楽しく生きるのだ。

――チェ・ゲバラ（革命家）*1928-1967*

Photo by Kyohei Okada

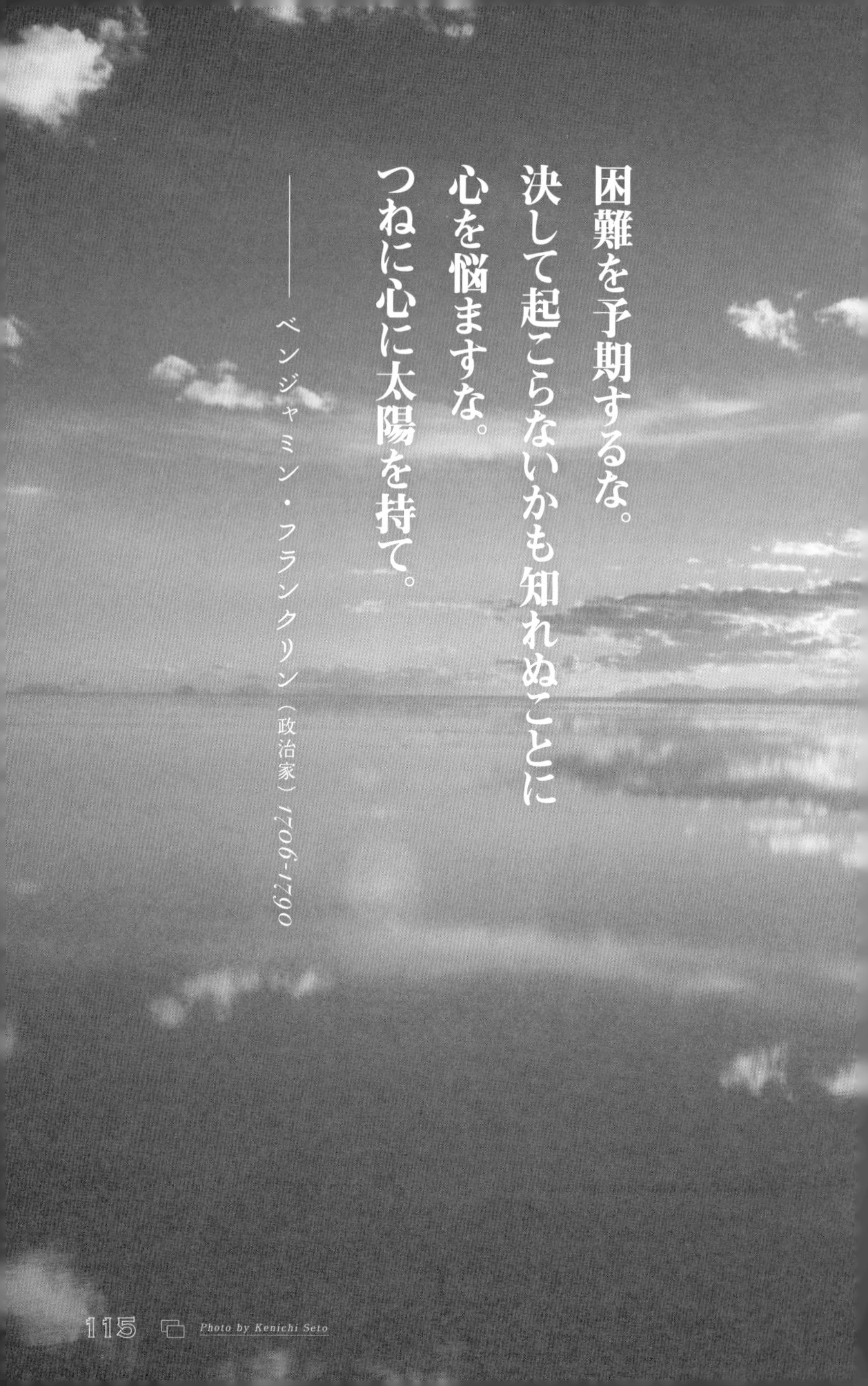

困難を予期するな。
決して起こらないかも知れぬことに
心を悩ますな。
つねに心に太陽を持て。

――ベンジャミン・フランクリン（政治家）1706-1790

Photo by Kenichi Seto

逆境の中で咲く花は、
どの花よりも貴重で美しい。

——ウォルト・ディズニー（実業家）1901-1966

Photo by Kenichi Shibata

第五章
愛する
Love

Søren Aabye Kierkegaard / Charles Dickens
Johann Wolfgang von Goethe
William James / Marcus Valerius Martialis
William Somerset Maugham
Robert Louis Stevenson / Victor Hugo
Lev Nikolayevich Tolstoy
Benjamin Franklin

愛するということは、
自分の愛する相手の生を
生きることである。
——レフ・トルストイ（作家）1828-1910

Photo by Ryo Sato

人生の最大の幸福は、
愛されているという実感。
もっと正確に言えば、
こんな自分でも愛されているという実感。

——ヴィクトル・ユーゴー（詩人）1802-1885

Photo by Kensuke Ito

人生の最大の悲劇は
死んでしまうことではなく、
愛することを止めてしまうこと。

——サマセット・モーム（作家）1874-1965

この世に生きる価値のない人などいない。
人は誰でも、
誰かの重荷を軽くして
あげることができるから。

――チャールズ・ディケンズ（作家）1812-1870

Photo by Hiroaki Kurokawa

すべての日が
それぞれの贈り物を持っている。

――マルティアリス（詩人）40-102

心が開いているとき、
この世は美しい。

――ゲーテ（詩人）1749-1832

海よりも広いものがある。
それは空だ。
空よりも広いものがある。
それは人の心だ。

——ヴィクトル・ユーゴー（詩人）1802-1885

Photo by Kensuke Ito

本当に豊かなのは誰か？
それは、自分に満足している者である。

——ベンジャミン・フランクリン（政治家）1706-1790

自分自身を愛することを忘れるな。

——セーレン・キェルケゴール（哲学者）1813-1855

Photo by Aoi Hayashi

ありのままの自分でいることと、
なれる自分になることは、
人生のただ一つの目標。

――ロバート・ルイス・スティーヴンソン（作家）1850-1894

Photo by Taku Otsuka

愛することは、
ほとんど信じることである。

——ヴィクトル・ユーゴー（詩人）1802-1885

Photo by Azusa Onishi

人生の
最も偉大な使い方というのは、
人生が終わってもまだ続くような
何ものかのために使うことである。

——ウィリアム・ジェームズ（心理学者）1842-1910

Photo by Tomohiro Nakamura

第六章

決断

Decision

Johann Wolfgang von Goethe / William James
Samuel Smiles / George Eliot / Todd Skinner
T.S. Eliot / Anaïs Nin / Frank Vincent Zappa
Nelson Rolihlahla Mandela / Walter Bagehot
Abraham Lincoln / Katharine Hepburn
Mohandas Karamchand Gandhi
Robert Louis Stevenson
Ryokichi Oshima

一歩を踏み出せるなら、
もう一歩も踏み出せる。

――トッド・スキナー（登山家）1958-2006

人生は勇気次第で
縮みも広がりもする。

――アナイス・ニン（作家）1903-1977

Photo by Ryo Sato

1000回の憧れより、
たった1度の挑戦のほうが
ずっと価値がある。

――サミュエル・スマイルズ（作家）1812-1904

Photo by Yuma Abe

世界はつねに、
勇気ある者のための劇場である。

——ウィリアム・ジェームズ（心理学者）1842-1910

Photo by Madoka Inoue

正しいか間違っているかなんて
どうだっていいこと。
重要なのは、逃げ出さないことだけ。

——キャサリン・ヘップバーン（女優）1907-2003

Photo by Jun Ando

希望を持って旅を続けることは、
目的地に到達することよりも楽しい。

――ロバート・ルイス・スティーヴンソン（作家）1850-1894

決断

道のありがたみを知っている者は、
道のないところを歩いた者だけだ。

——大島亮吉（登山家）1899-1928

Photo by Tomohiro Nakamura

遠くへ行き過ぎた者だけが、
自分がどこまで行けるのかを
知ることができる。

――T・S・エリオット（詩人）1888-1965

Photo by Kenta Nakajima

人生における大きな喜びは、「君にはできない」と世間が言うことをやることである。

——ウォルター・バジョット（ジャーナリスト）1826-1877

決断

Photo by Tatsuya Sampei

勇気とは、恐れを知らないことではなく、
それを克服することだと学びました。
勇敢な人とは、恐怖を感じない人ではなく、
その恐怖を乗り越える人なのです。

——ネルソン・マンデラ（政治家）1918-2013

Photo by Noriaki Kobayashi

あなたにできること、
できると夢見たことが何かあれば、
それを今すぐ始めなさい。
向こう見ずは天才であり、魔法であり、力です。
さぁ、今すぐ、始めなさい。

――ゲーテ（詩人）1749-1832

Photo by Takumi Uriuhara

確かさばかり求めて
ぐずぐずしている人には、
大きなことは決してできない。

――ジョージ・エリオット（作家）1819-1880

人は、自分が決意した分だけ、
幸せになれるものだ。

――エイブラハム・リンカーン（政治家）1809-1865

Photo by Ayumi Hara

心はパラシュートのようなものだ。
開いていないと機能しない。

――フランク・ザッパ（ミュージシャン）1940-1993

Photo by Kenta Nakajima

自分が行動したことすべては
取るに足らないことかもしれない。
しかし、行動したという、
そのことが重要なのである。
――マハトマ・ガンディー（政治指導者）1869-1948

第七章

希望

Hope

Ernest Hemingway / Alexander Graham Bell
Jean-Jacques Rousseau / John William Gardner
Greta Garbo / Johann Wolfgang von Goethe
Thomas Henry Huxley / Leonardo da Vinci
Helen Keller / Sir Karl Raimund Popper
Marcus Aurelius Antoninus
Robert Hutchings Goddard
René Descartes

最も生きた人間とは、
最も年を経た人間のことではない。
最も人生を楽しんだ人間のことである。

——ジャン＝ジャック・ルソー（哲学者）1712-1778

 Photo by Kensuke Ito

人が旅をするのは、
到着するためではありません。
それは
旅が楽しいからなのです。

――ゲーテ（詩人）1749-1832

Photo by Tomohiro Nakamura

空を飛ぶことを可能にしたのは
空を飛ぶ夢。

――カール・ポパー（哲学者）1902-1994

Photo by Haruka Tajima

大きな夢を見よう。
大きな夢だけが人の心を動かす。

——マルクス・アウレリウス・アントニヌス（ローマ皇帝）121-180

Photo by Haruka Tajima

怖いものなんてなにもないわ。
退屈以外はね！

――グレタ・ガルボ（女優）1905-1990

毎日が、
新しい一日なんだ。

——アーネスト・ヘミングウェイ（作家）1899-1961

Photo by Haruka Tajima

一日を大切にせよ。
その差が人生の差につながる。

――ルネ・デカルト（哲学者）1596-1650

Photo by Amari Tanaka

鎖につながれて
正しい道を歩くくらいなら、
わたしは間違いながらも
自由に歩くほうを選ぶ。

――トマス・ヘンリー・ハクスリー（生物学者）1825-1895

人生とは、
消しゴムなしに描く芸術である。

――ジョン・ウィリアム・ガードナー（政治家）1912-2002

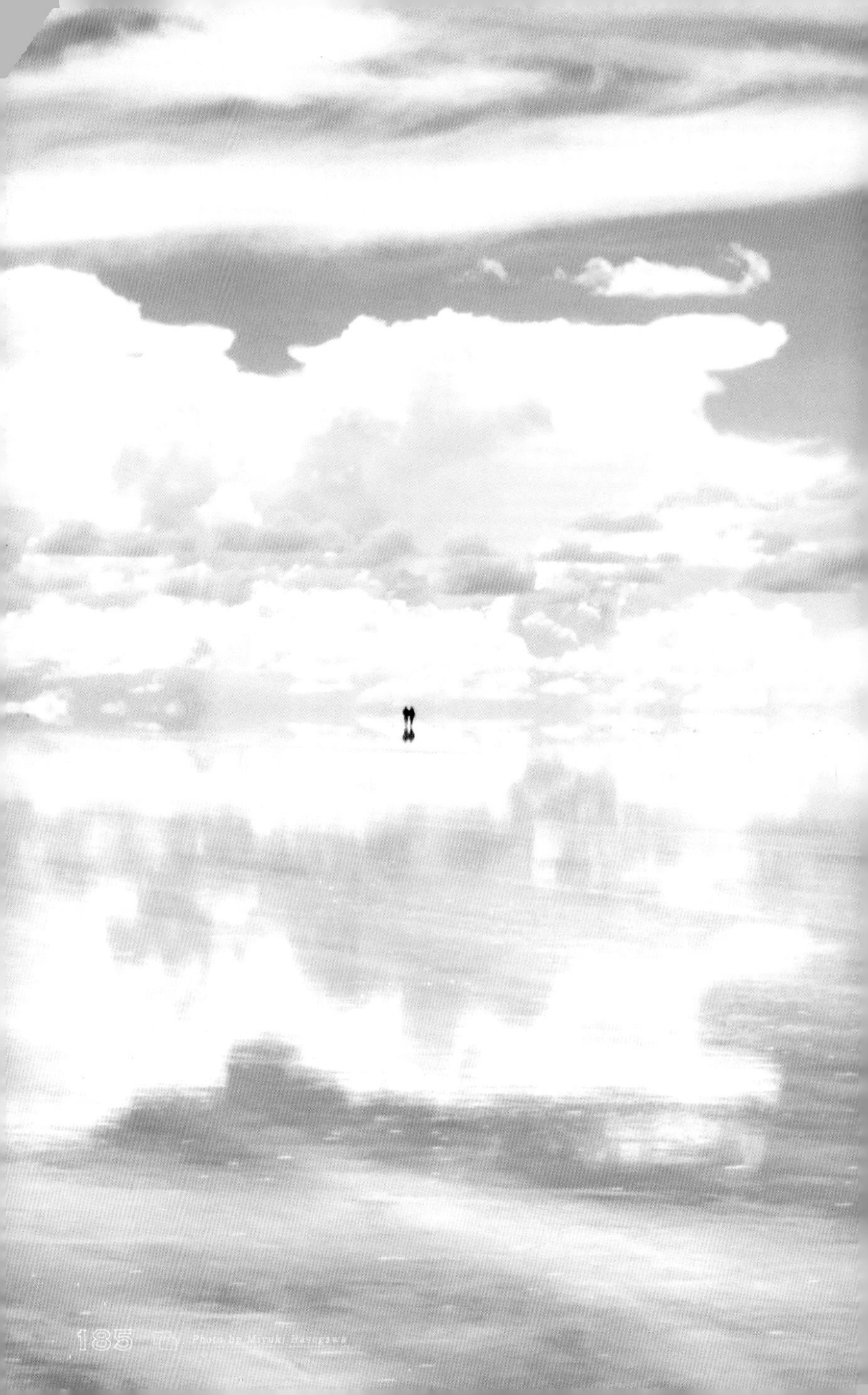

Photo by Miyuki Hasegawa

山の頂上に立つ喜びは、
もしそこへ至るまでに越えるべき
暗い谷間が一つもなければ、
半減されるでしょう。

――ヘレン・ケラー（教育家）1880-1968

あたかも良く過ごした一日が
安らかな眠りをもたらすように、
良く生きられた一生は
安らかな死をもたらす。

――レオナルド・ダ・ヴィンチ（芸術家）1452-1519

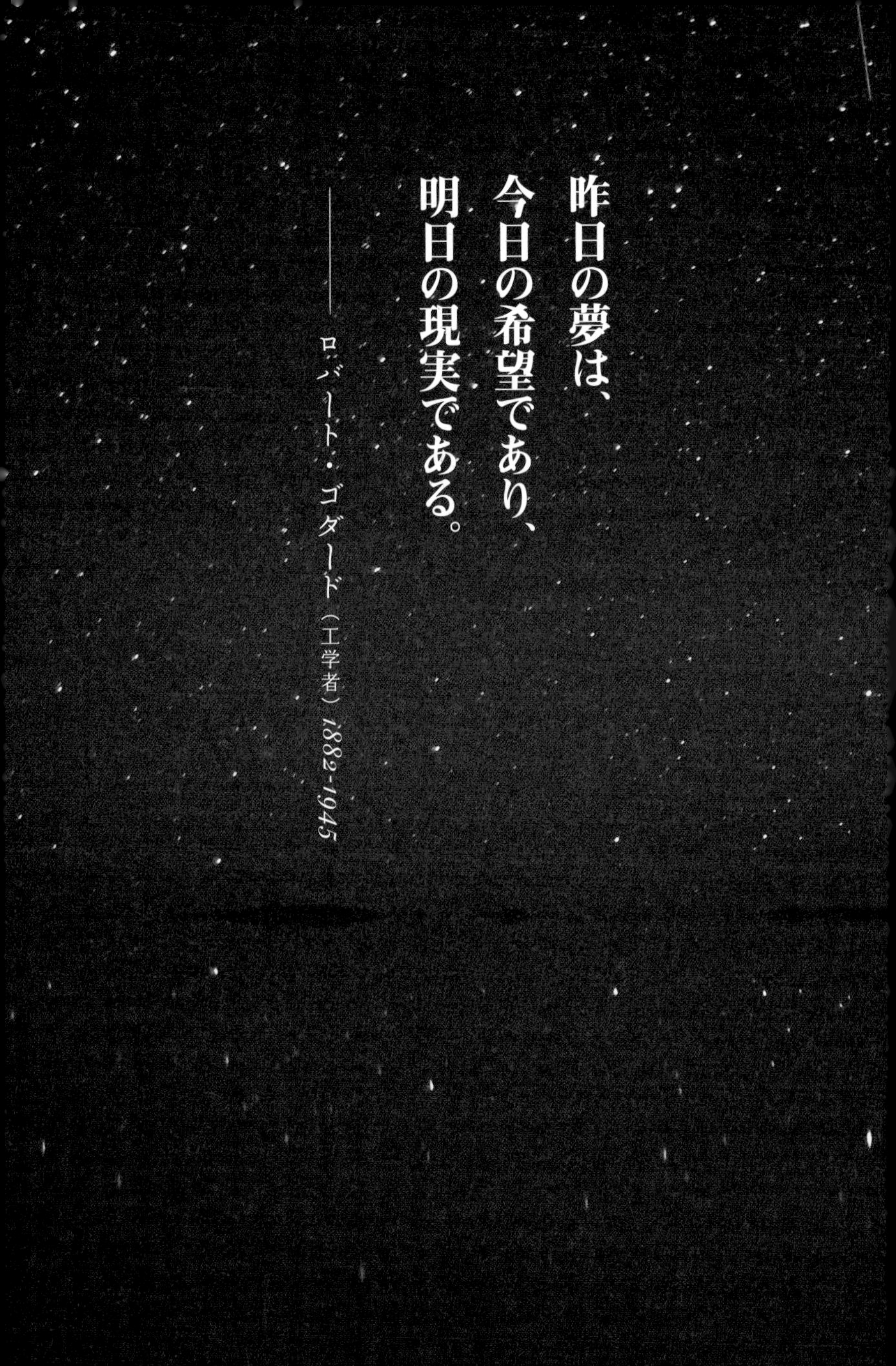

昨日の夢は、
今日の希望であり、
明日の現実である。

——ロバート・ゴダード（工学者）1882-1945

Photo by Sayaka Sakai

生きていることは素晴らしい。
この世界は
おもしろいことでいっぱいだ。

——アレクサンダー・グラハム・ベル（発明家）1847-1922

Photo by Kensuke Ito

ウユニ塩湖
心を整える100の言葉

2015年8月17日　第1刷発行
2015年9月1日　第2刷発行

編者　TABIPPO
制作　大塚啓志郎・奥村紫芳（いろは出版）
発行者　木村行伸
発行所　いろは出版株式会社
京都市左京区岩倉南平岡町74
TEL　075-712-1680
FAX　075-712-1681
印刷・製本　株式会社シナノパブリッシングプレス
装丁　坂田佐武郎
乱丁・落丁本はお取替えします。

ISBN 978-4-902097-97-9

H　P　http://hello-iroha.com
MAIL　letters@hello-iroha.com